Impressum
Verlag: BABADADA GmbH, Nedderfeld 112 , 22529 Hamburg
Geschäftsführer / Verlagsleitung: Harald Hof
Druck: Books on Demand GmbH, In de Tarpen 42, 22848 Norderstedt

Imprint
Publisher: BABADADA GmbH, Nedderfeld 112 , 22529 Hamburg, Germany
Managing Director / Publishing direction: Harald Hof
Print: Books on Demand GmbH, In de Tarpen 42, 22848 Norderstedt, Germany

xue xiao

la escuela

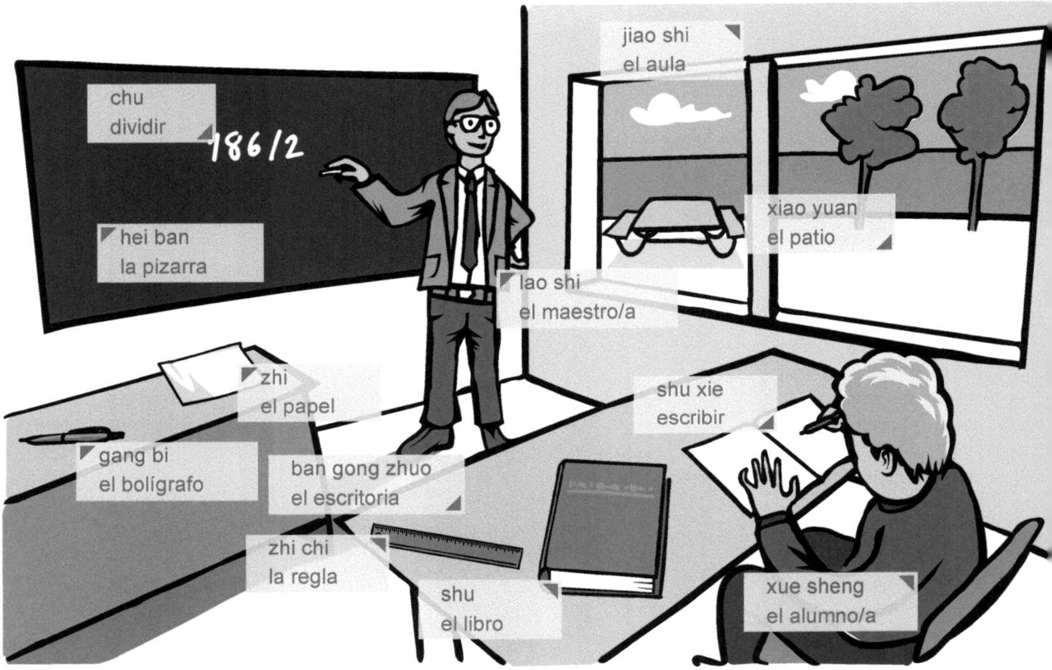

jiao shi
el aula
chu
dividir
186/2
hei ban
la pizarra
xiao yuan
el patio
lao shi
el maestro/a
zhi
el papel
shu xie
escribir
gang bi
el bolígrafo
ban gong zhuo
el escritoria
zhi chi
la regla
shu
el libro
xue sheng
el alumno/a

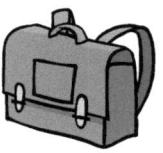

shu bao

la cartera

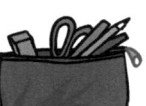

qian bi he

la caja de lápices

qian bi

el lápiz

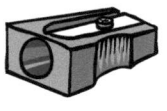

juan bi dao

el sacapuntas

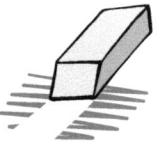

xiang pi ca

la goma de borrar

hua ban

el cuaderno de dibujo

tu hua

el dibujo

hua bi

el pincel

yan liao he

la caja de pinturas

jian dao

las tijeras

jiao shui

el pegamento

lian xi ce

el cuaderno de ejercicios

jia ting zuo ye

los deberes

shu zi

el número

jia

sumar

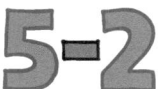

jian

restar

cheng

multiplicar

ji suan

calcular

zi mu

la letra

zi mu biao

el alfabeto

zi

la palabra

ke wen

el texto

du

leer

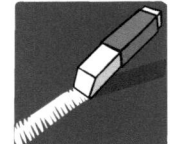

fen bi

la tiza

shang ke

la lección

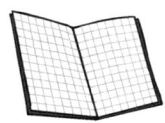

deng ji

el cuaderno de notas

kao shi

el examen

zheng shu

el certificado

xiao fu

el uniforme

jiao yu

la educación

bai ke quan shu

la enciclopedia

da xue

la universidad

xian wei jing

el microscopio

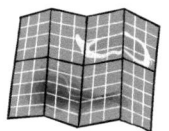

di tu

el mapa

fei zhi kuang

la papelera

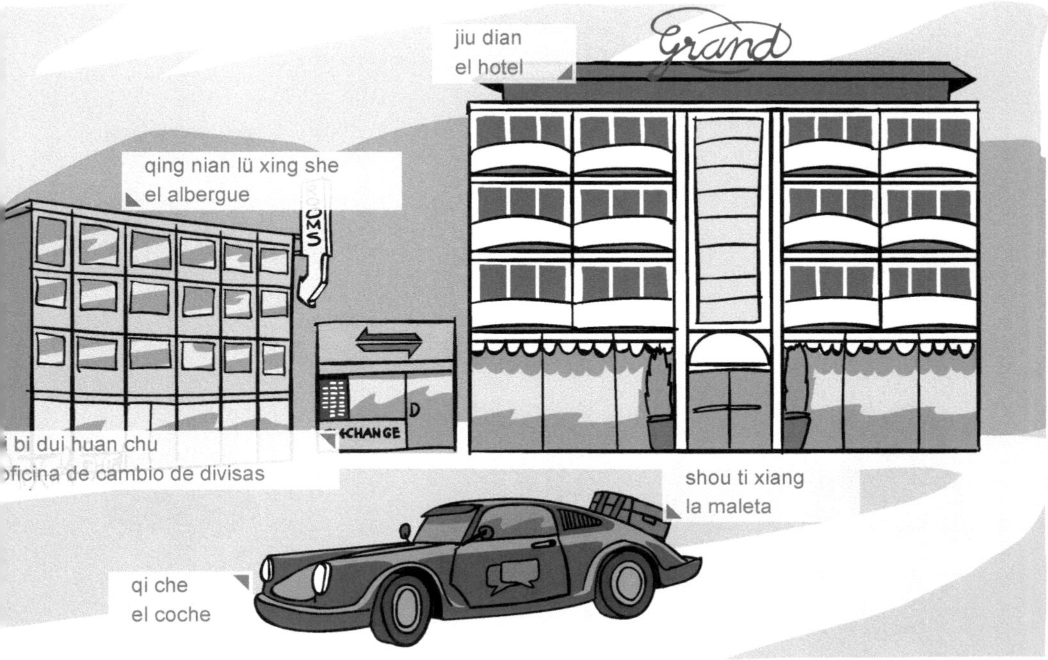

jiu dian
el hotel
Grand
qing nian lü xing she
el albergue
ROOMS
EXCHANGE
bi dui huan chu
oficina de cambio de divisas
shou ti xiang
la maleta
qi che
el coche

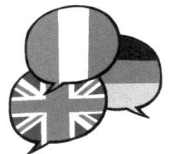

yu yan
el idioma

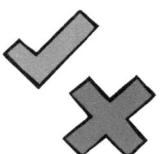

shi/fou
sí / no

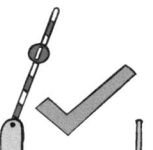

hao de
Vale

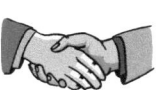

nin hao
hola

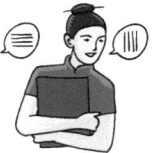

fan yi yuan
el traductor

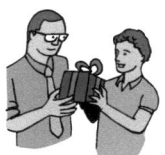

xie xie
Gracias

......duo shao qian?

¿cuánto es...?

wo bu ming bai

No entiendo

wen ti

el problema

wan shang hao!

¡Buenas tardes!

zao shang hao!

¡Buenos días!

wan an!

¡Buenas noches!

zai jian

adiós

fang xiang

la dirección

xing li

el equipaje

bao

la bolsa

shuang jian bao

la mochila

ke ren

el invitado

fang jian

la habitación

shui dai

el saco de dormir

zhang peng

la tienda de campaña

lü you xin xi

la información turística

hai tan

la playa

xin yong ka

la tarjeta de crédito

zao can

el desayuno

wu can

el almuerzo

wan can

la cena

piao

el billete

dian ti

el ascensor

you piao

el sello

bian jie

la frontera

hai guan

la aduana

da shi guan

la embajada

qian zheng

la visa

hu zhao

el pasaporte

jiao tong yun shu

el transporte

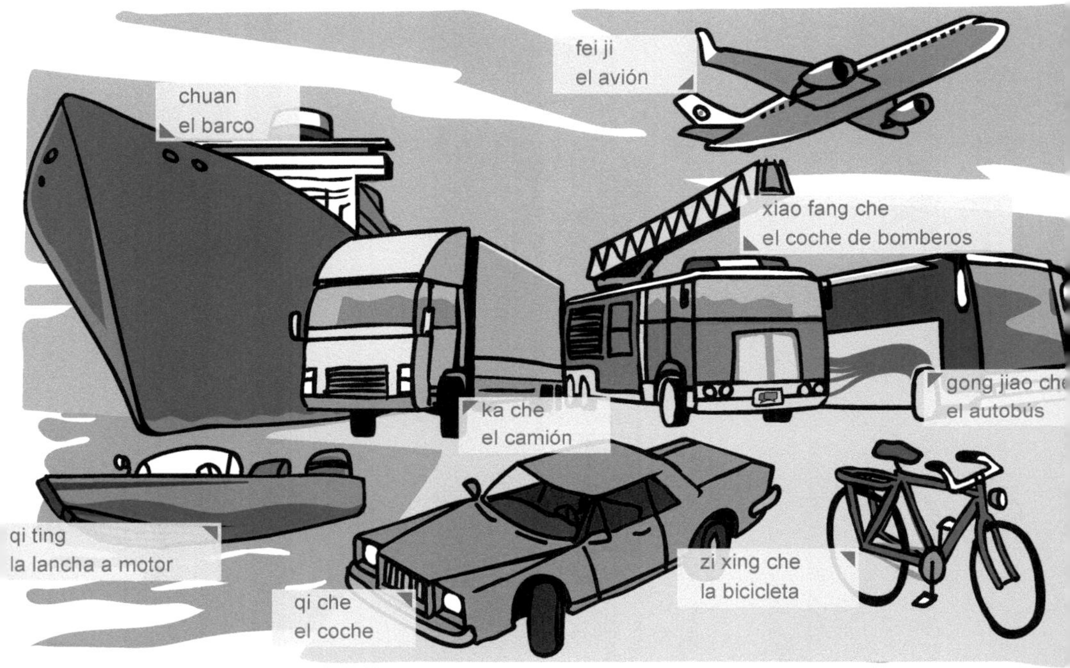

fei ji
el avión
chuan
el barco
xiao fang che
el coche de bomberos
gong jiao che
el autobús
ka che
el camión
qi ting
la lancha a motor
zi xing che
la bicicleta
qi che
el coche

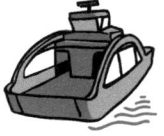

bai du chuan

el transbordador

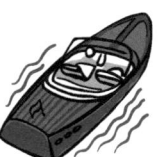

xiao chuan

la barca

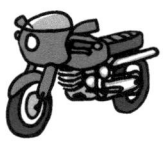

mo tuo che

la moto

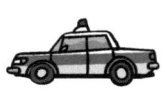

jing che

el coche de policía

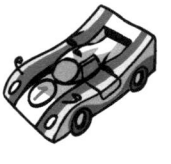

sai che

el coche de carreras

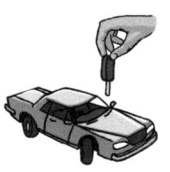

zu che

el coche de alquiler

pin che

el préstamo de vehículos

tuo che

la grúa

la ji che

el camión de la basura

fa dong ji

el motor

qi you

la gasolina

jia you zhan

la gasolinera

jiao tong biao zhi

la señal de tráfico

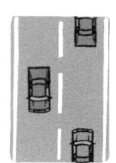

jiao tong

el tráfico

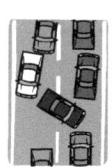

jiao tong du sai

el atasco

ting che chang

el aparcamiento

huo che zhan

la estación de tren

gui dao

las vías

huo che

el tren

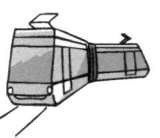

dian che

el tranvía

huo che

el vagón

zhi sheng ji

el helicóptero

ji chang

el aeropuerto

ta

la torre

cheng ke

el pasajero

ji zhuang xiang

el contenedor

zhi ban xiang

la caja de cartón

shou tui che

la carretilla

lan zi

la cesta

qi fei/jiang luo

despegar / aterrizar

cheng shi

la ciudad

cun zhuang

el pueblo

shi zhong xin

el centro de la ciudad

fang zi

la casa

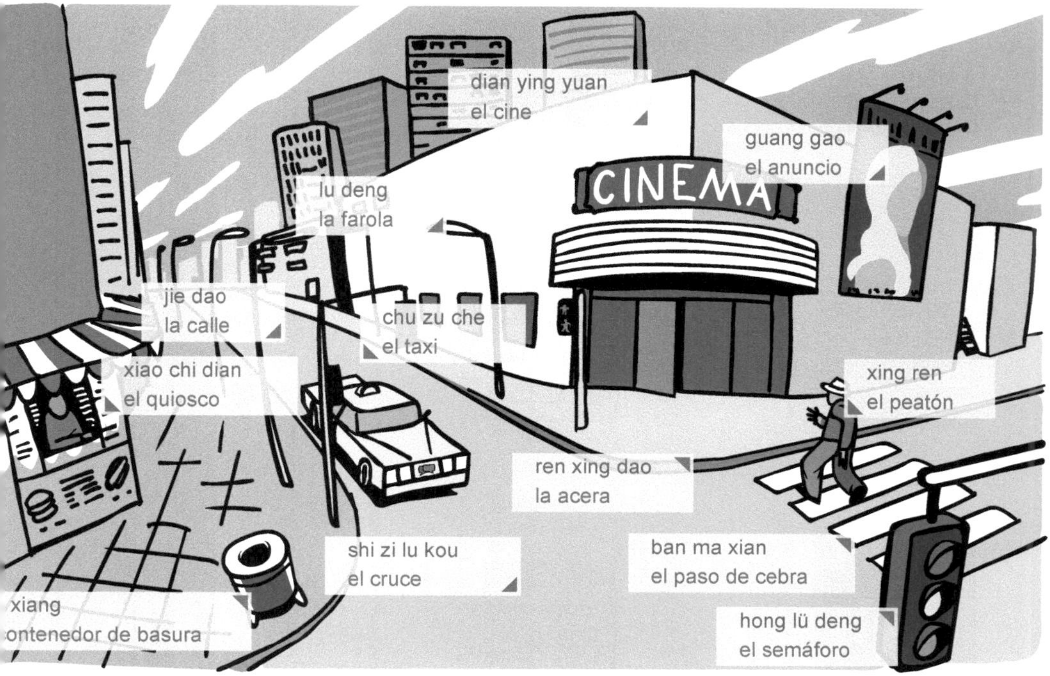

CINEMA
dian ying yuan
el cine
guang gao
el anuncio
lu deng
la farola
jie dao
la calle
chu zu che
el taxi
xiao chi dian
el quiosco
xing ren
el peatón
ren xing dao
la acera
shi zi lu kou
el cruce
ban ma xian
el paso de cebra
xiang
ontenedor de basura
hong lü deng
el semáforo

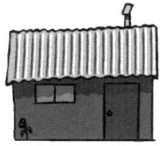

xiao wu

la cabaña

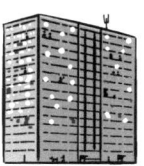

gong yu

el apartamento

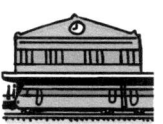

huo che zhan

la estación de tren

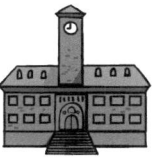

shi zheng ting

el ayuntamiento

MUSEUM

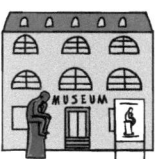

bo wu guan

el museo

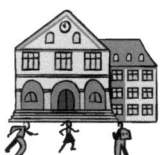

xue xiao

la escuela

da xue

la universidad

yin hang

el banco

yi yuan

el hospital

jiu dian

el hotel

yao fang

la farmacia

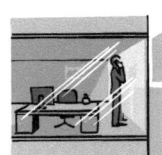

ban gong shi

la oficina

shu dian

la librería

shang dian

la tienda de campaña

hua dian

la floristería

chao shi

el supermercado

shi chang

el mercado

bai huo shang dian

los grandes almacenes

yu dian

la pescadería

gou wu zhong xin

el centro comercial

hai gang

el puerto

gong yuan

el parque

chang deng

el banco

qiao

el puente

lou ti

las escaleras

di tie

el metro

sui dao

el túnel

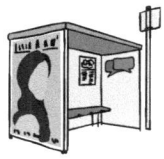

gong jiao che zhan

la parada de autobús

jiu ba

el bar

can guan

el restaurante

you tong

el buzón

lu biao

el poste indicador

ting che ji shi qi

el parquímetro

dong wu yuan

el zoo

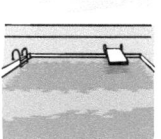

you yong guan

la piscina

qing zhen si

la mezquita

nong chang

la granja

wu ran

la contaminación

mu di

el cementerio

jiao tang

la iglesia

cao chang

el patio de juego

si miao

el templo

di xing

el paisaje

shu ye
la hoja

zhi shi pai
la señal

lu
el camino

cao di
el prado

shi tou
la piedra

shu
el árbol

tu bu lü xing zhe
el excursionista

he
el río

cao
la hierba

hua
la flor

xia gu

el valle

shan

la colina

hu

el lago

sen lin

el bosque

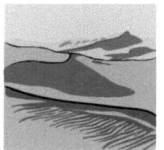

sha mo

el desierto

huo shan

el volcán

cheng bao

el castillo

cai hong

el arcoíris

mo gu

el champiñón

zong lü shu

la palmera

wen zi

el mosquito

cang ying

la mosca

ma yi

la hormiga

mi feng

la abeja

zhi zhu

la araña

jia chong

el escarabajo

qing wa

la rana

song shu

la ardilla

ci wei

el erizo

ye tu

la liebre

mao tou ying

la lechuza

niao

el pájaro

tian e

el cisne

ye zhu

el jabalí

lu

el ciervo

mi lu

el alce

shui ba

la presa

feng li fa dian ji

la turbina eólica

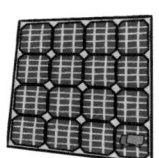

tai yang neng dian chi ban

el panel solar

qi hou

el clima

can guan
el restaurante

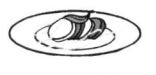

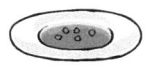

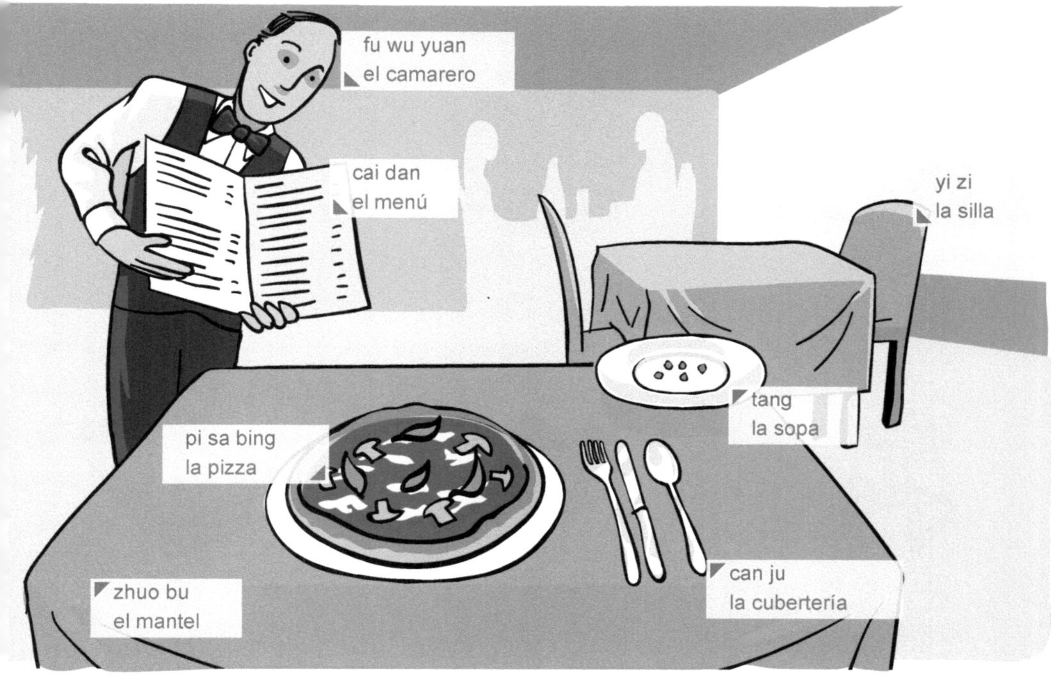
fu wu yuan
el camarero
cai dan
el menú
yi zi
la silla
tang
la sopa
pi sa bing
la pizza
zhuo bu
el mantel
can ju
la cubertería

qian cai

el primer plato

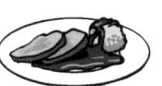

zhu cai

el plato principal

tian dian

el postre

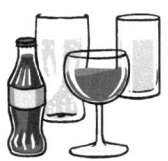

yin liao

las bebidas

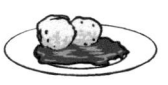

shi wu

la comida

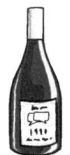

ping zi

la botella

kuai can

la comida rápida

jie bian xiao chi

la comida callejera

cha hu

la tetera

tang he

el azucarero

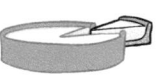

yi fen fan cai

la porción

yi shi ka fei ji

la cafetera expreso

gao jiao yi

la trona

zhang dan

la cuenta

tuo pan

la bandeja

dao

el cuchillo

can cha

el tenedor

shao zi

la cuchara

cha chi

la cucharilla

can jin

la servilleta

bo li bei

el vaso

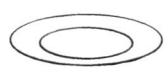

die zi

el plato

tang pan

el plato hondo

die zi

el platillo

jiang

la salsa

yan ping

el salero

hu jiao mo

el molinillo de pimienta

cu

el vinagre

shi yong you

el aceite

tiao wei liao

las especias

fan qie jiang

el ketchup

jie mo

la mostaza

dan huang jiang

la mayonesa

te jia
la oferta especial

gu ke
el cliente

ru zhi pin
los lácteos

shui guo
la fruta

gou wu che
el carro de compra

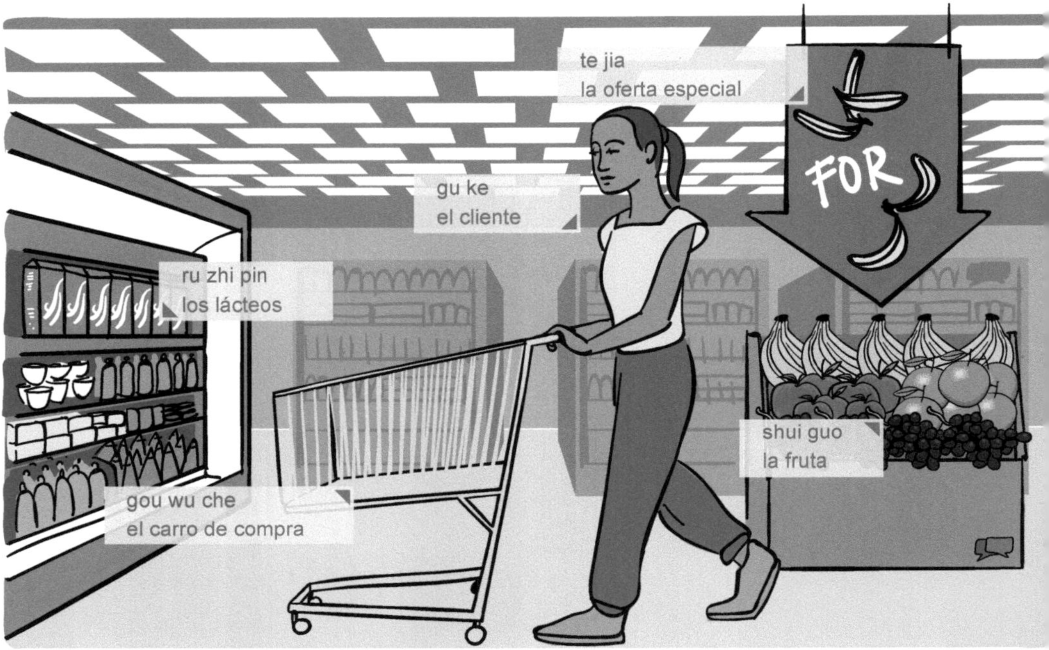

rou pu

la carniceria

mian bao fang

la panadería

cheng zhong

pesar

shu cai

las verduras

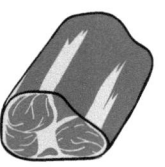

rou

la carne

leng dong shi pin

los alimentos congelados

leng pan

los fiambres

guan tou shi pin

las conservas

xi yi fen

el detergente en polvo

tian shi

los dulces

ri yong pin

productos de uso doméstico

qing jie yong pin

productos de limpieza

xiao shou yuan

la vendedora

shou yin ji

la caja de cartón

shou yin yuan

el cajero

gou wu qing dan

la lista de la compra

kai fang shi jian

el horario de atención al público

qian bao

la cartera

xin yong ka

la tarjeta de crédito

dai zi

la bolsa de plástico

su liao dai

la bolsa de plástico

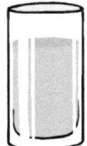

shui

el agua

guo zhi

el zumo

niu nai

la leche

ke le

la cola

hong jiu

el vino

pi jiu

la cerveza

jiu

el alcohol

ke ke

el cacao

cha

el té

ka fei

el café

yi shi nong suo ka fei

el expreso

ka bu qi nuo

el capuchino

xiang jiao

el plátano

ping guo

la manzana

cheng zi

la naranja

xi gua

el melón

ning meng

el limón

hu luo bo

la zanahoria

da suan

el ajo

zhu zi

el bambú

yang cong

la cebolla

mo gu

el champiñón

jian guo

las avellanas

mian tiao

los fideos

yi da li mian tiao

las espagueti

mi fan

el arroz

sha la

la ensalada

shu tiao

las patatas fritas

zha tu dou

las patatas fritas

pi sa bing

la pizza

han bao bao

la hamburguesa

san ming zhi

el sándwich

zha zhu pai

el filete

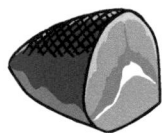

huo tui

el jamón

sa la mi

le salami

xiang chang

la salchicha

ji rou

el pollo

kao rou

el asado

yu

el pescado

yan mai pian

los copos de avena

mu zi li

el muesli

yu mi pian

los copos de maíz

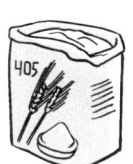

mian fen

la harina

yang jiao mian bao

el cruasán

mian bao juan

el panecillo

mian bao

el pan

kao mian bao

la tostada

bing gan

las galletas

huang you

la mantequilla

ning ru

la cuajada

dan gao

el pastel

dan

el huevo

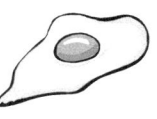

jian dan

el huevo frito

nai lao

el queso

bing ji lin

el helado

tang

el azúcar

feng mi

la miel

guo jiang

la mermelada

qiao ke li jiang

la crema de turrón

ga li fan

el curry

nong chang
la granja

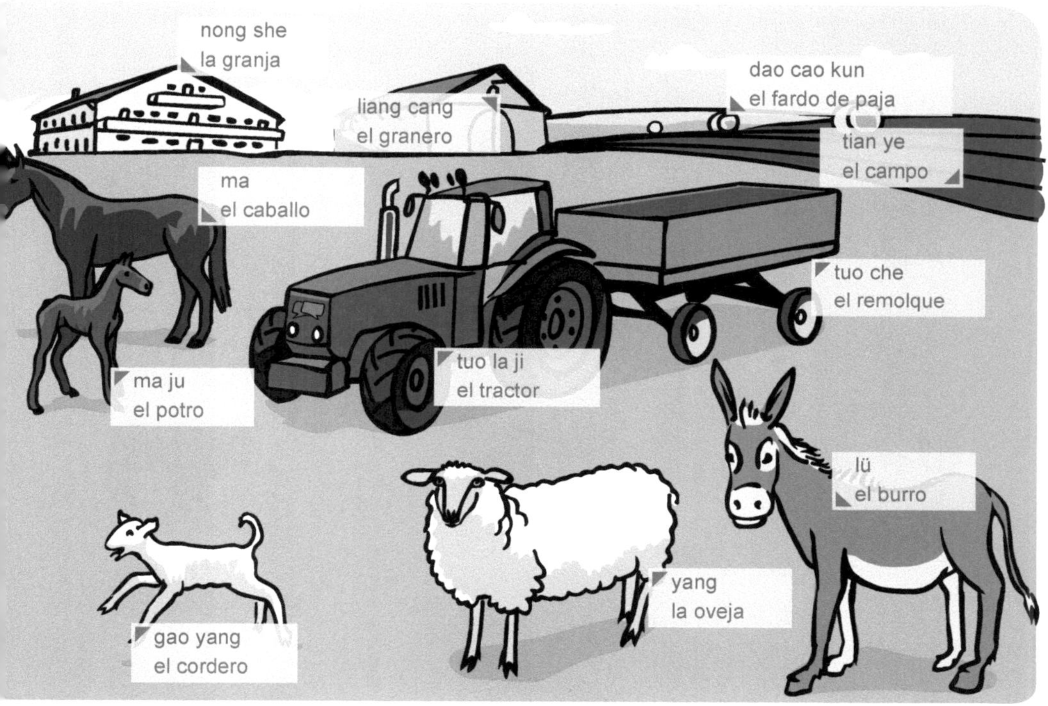

nong she
la granja
liang cang
el granero
dao cao kun
el fardo de paja
tian ye
el campo
ma
el caballo
tuo che
el remolque
ma ju
el potro
tuo la ji
el tractor
lü
el burro
yang
la oveja
gao yang
el cordero

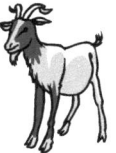

shan yang

la cabra

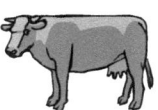

nai niu

la vaca

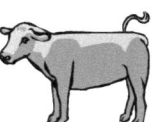

niu du

el ternero

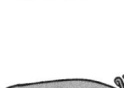

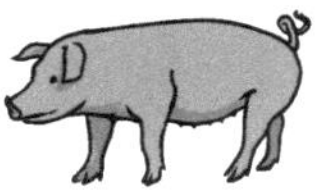

zhu

el cerdo

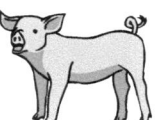

xiao zhu

el cerdito

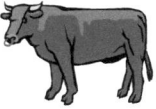

gong niu

el toro

e

el ganso

ya

el pato

xiao ji

el pollo

mu ji

la gallina

gong ji

el gallo

shu

la rata

mao

el gato

lao shu

el ratón

niu

el buey

gou

el perro

gou wu

la perrera

hua yuan jiao shui ruan guan

la manguera

sa shui hu

la regadera

chang bing da lian dao

la guadaña

li

el arado

lian dao

la hoz

chu tou

la azada

chang bing cao pa

la horca

fu tou

el hacha

du lun shou tui che

la carretilla

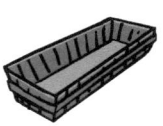

si liao cao

el abrevadero

niu nai guan

la lechera

ma bu dai

el saco

zha lan

la valla

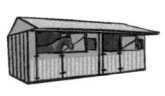

ma jiu

el establo

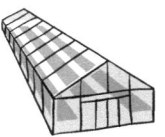

wen shi

el invernadero

tu rang

el suelo

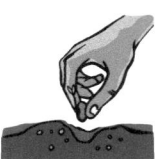

zhong zi

la semilla

fei liao

el fertilizador

lian he shou ge ji

la cosechadora

shou ge

cosechar

shou ge

la cosecha

shan yao

el ñame

xiao mai

el trigo

da dou

el soja

tu dou

la patata

yu mi

el maíz

you cai zi

la semilla de colza

guo shu

el árbol frutal

shu shu

la mandioca

gu wu

las cereales

fang zi

la casa

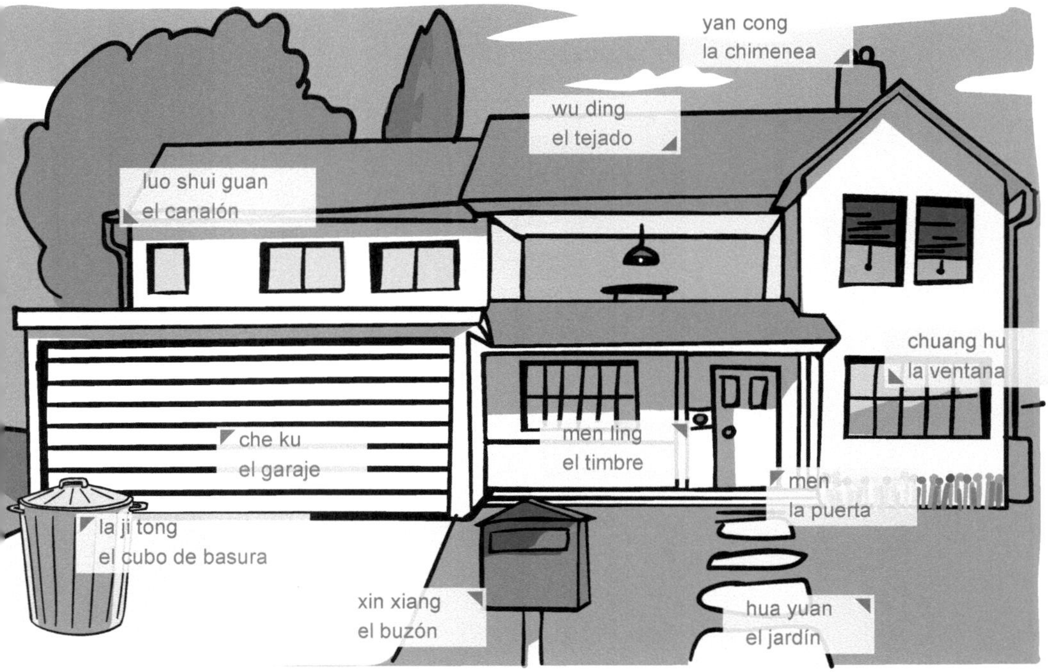

yan cong
la chimenea
wu ding
el tejado
luo shui guan
el canalón
chuang hu
la ventana
che ku
el garaje
men ling
el timbre
men
la puerta
la ji tong
el cubo de basura
xin xiang
el buzón
hua yuan
el jardín

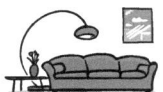

ke ting

la sala

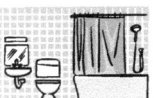

yu shi

el cuarto de baño

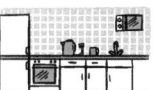

chu fang

la cocina

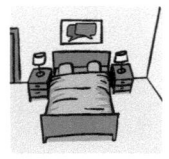

wo shi

el dormitorio

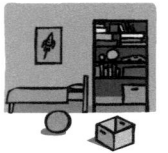

er tong fang

la habitación de los niños

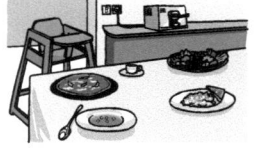

can ting

el comedor

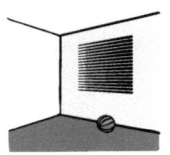

di ban

el suelo

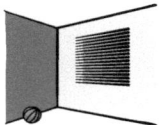

qiang bi

la pared

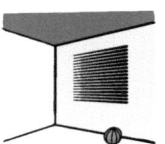

diao ding

el techo

di jiao

el sótano

sang na

la sauna

yang tai

el balcón

lu tai

la terraza

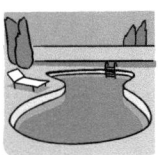

you yong chi

la piscina

ge cao ji

el cortacésped

bei dan

la sábana

chuang zhao

la colcha

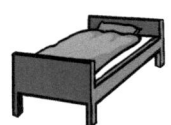

chuang

la cama

sao zhou

la escoba

shui tong

el balde

kai guan

el interruptor

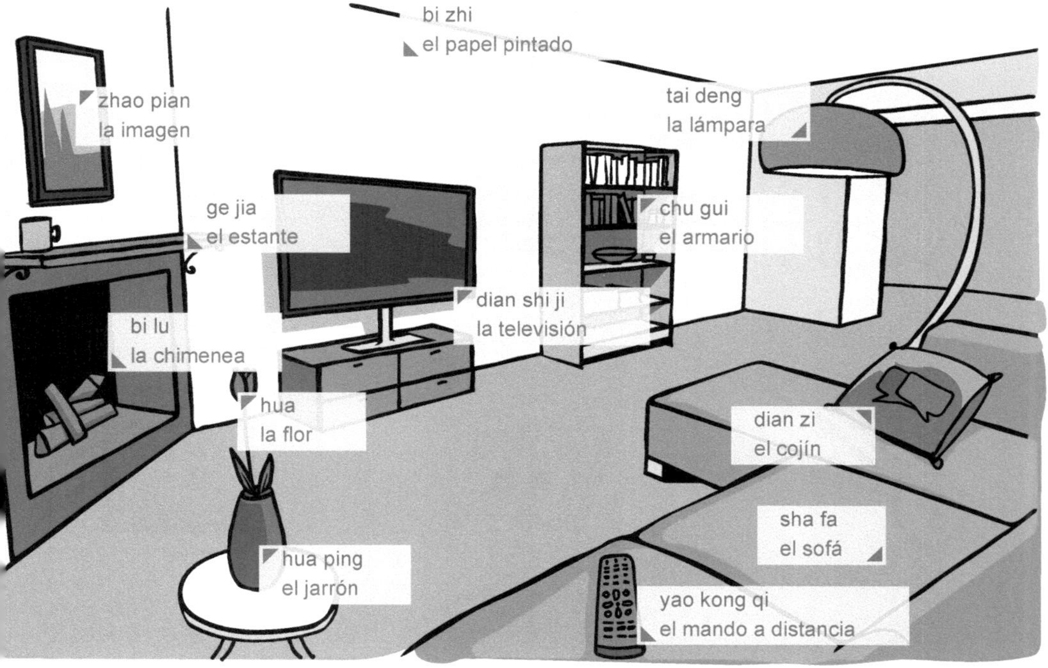

bi zhi
el papel pintado

zhao pian
la imagen

tai deng
la lámpara

ge jia
el estante

chu gui
el armario

dian shi ji
la televisión

bi lu
la chimenea

hua
la flor

dian zi
el cojín

sha fa
el sofá

hua ping
el jarrón

yao kong qi
el mando a distancia

di tan
la alfombra

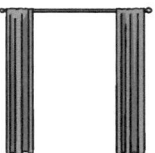

chuang lian
la cortina

can zhuo
la mesa

yi zi
la silla

yao yi
el mecedora

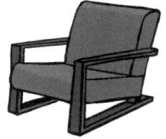

fu shou yi
la butaca

shu

el libro

tan zi

la manta

zhuang shi pin

la decoración

mu chai

la leña

dian ying

la película

gao bao zhen yin xiang

el equipo de música

yao shi

la llave

bao zhi

el periódico

you hua

la pintura

hai bao

el póster

shou yin ji

la radio

bi ji ben

el cuaderno

xi chen qi

la aspiradora

xian ren zhang

el cactus

la zhu

la vela

chu fang
la cocina

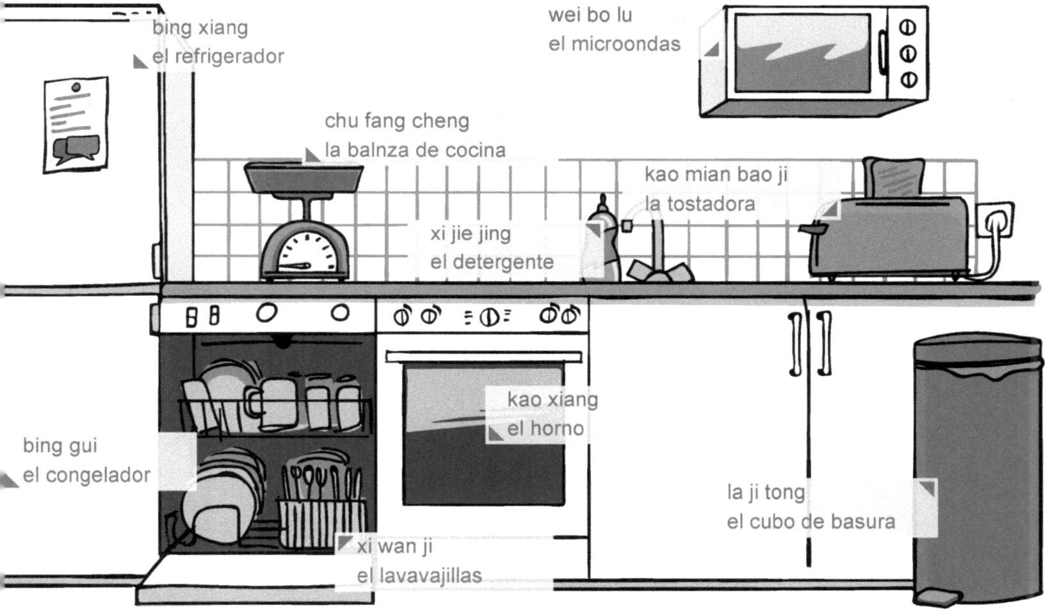
bing xiang
el refrigerador
wei bo lu
el microondas
chu fang cheng
la balnza de cocina
kao mian bao ji
la tostadora
xi jie jing
el detergente
kao xiang
el horno
bing gui
el congelador
la ji tong
el cubo de basura
xi wan ji
el lavavajillas

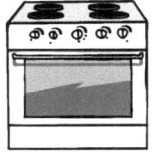

chui ju

la olla a presión

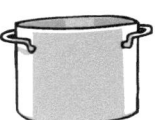

guo

la olla

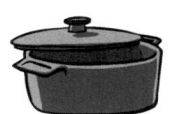

zhu tie guo

la olla de hierro fundido

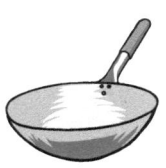

sha guo

el wok

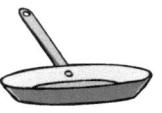

ping di guo

la cazuela

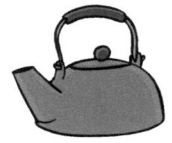

shui hu

el hervidor

zheng guo

la vaporera

kao pan

la chapa de horno

tao ci guo

la vajilla

ma ke bei

la taza

wan

el tazón

kuai zi

los palillos

chang bing shao

el cucharón

chan zi

la espumadera

jiao ban qi

el batidor

lü wang

el colador

shai zi

el cedazo

mo sui ji

el rallador

yan bo

el mortero

shao kao

la barbacoa

ming huo

la hoguera

cai ban

la tabla de picar

gan mian zhang

el rodillo

kai ping qi

el sacacorchos

guan zi

la lata

kai ping qi

el abrelatas

ge re shou tao

el agarrador

shui cao

el lavabo

shua zi

el cepillo

hai mian

la esponja

jiao ban ji

la batidora

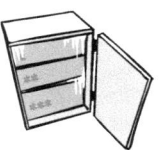

leng cang xiang

el congelador

nai ping

el biberón

shui long tou

el grifo

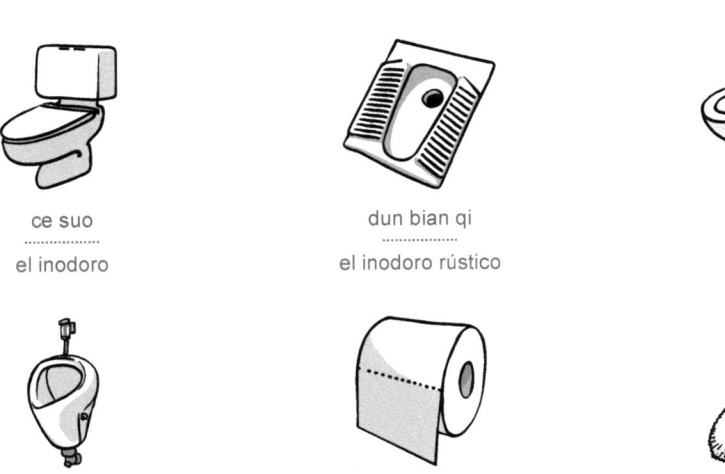

yu shi

el cuarto de baño

lin yu
la ducha
gong nuan she bei
la calefacción
mao jin
la toalla
yu lian
la cortina de la ducha
pao mo yu
el baño de espuma
yu gang
la bañera
bo li bei
el vaso
xi yi ji
la lavadora
shui long tou
el grifo
ci zhuan
las baldosas
bian hu
el orinal
shui cao
el lavabo

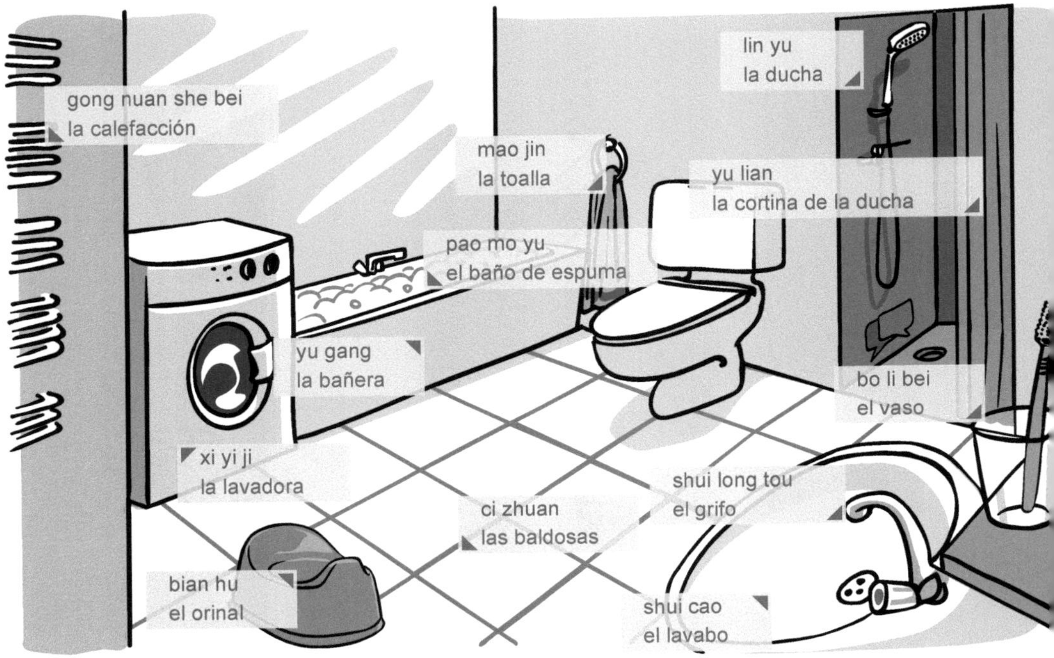

ce suo

el inodoro

dun bian qi

el inodoro rústico

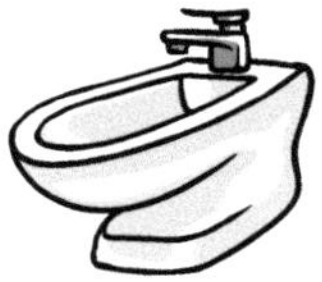

zuo yu qi

el bidé

xiao bian chi

el urinario

ce zhi

el papel higiénico

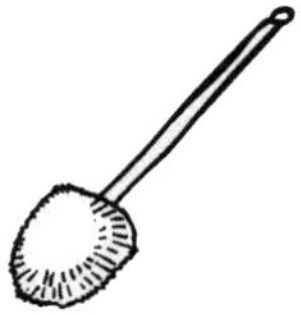

ma tong shua

la escobilla del váter

ya shua

el cepillo de dientes

ya gao

la pasta de dientes

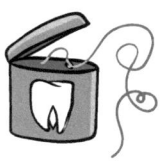

ya xian

el hilo dental

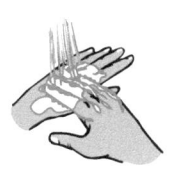

xi

lavar

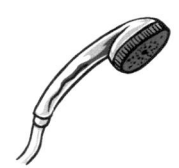

shou chi shi pen lin tou

la ducha de mano

chong xi qi

la ducha íntima

xi lian pen

la pila

ca bei shua

el cepillo de espalda

fei zao

el jabón

mu yu lu

el gel de ducha

xi fa shui

el champú

fa lan rong

la toallita

pai shui

el desagüe

ru shuang

la crema

chu chou ji

el desodorante

jing zi

el espejo

shou jing

el espejo de tocador

ti xu dao

la maquinilla de afeitar

ti xu pao mo

la espuma de afeitar

xu hou shui

la loción postafeitado

shu zi

el peine

shua zi

el cepillo

chui feng ji

el secador

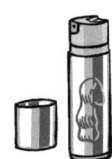

pen fa ding xing ji

la laca

hua zhuang pin

el maquillaje

chun gao

el pintalabios

zhi jia you

el pintauñas

hua zhuang mian

el algodón

zhi jia jian

el cortauñas

xiang shui

el perfume

xi shu bao

el estuche de viaje

deng zi

la banqueta

ji zhong cheng

la balanza

yu pao

el albornoz

xiang jiao shou tao

los guantes de goma

wei sheng mian tiao

el tampón

wei sheng jin

la compresa

hua xue ce suo

el inodoro químico

er tong fang
la habitación de los niños

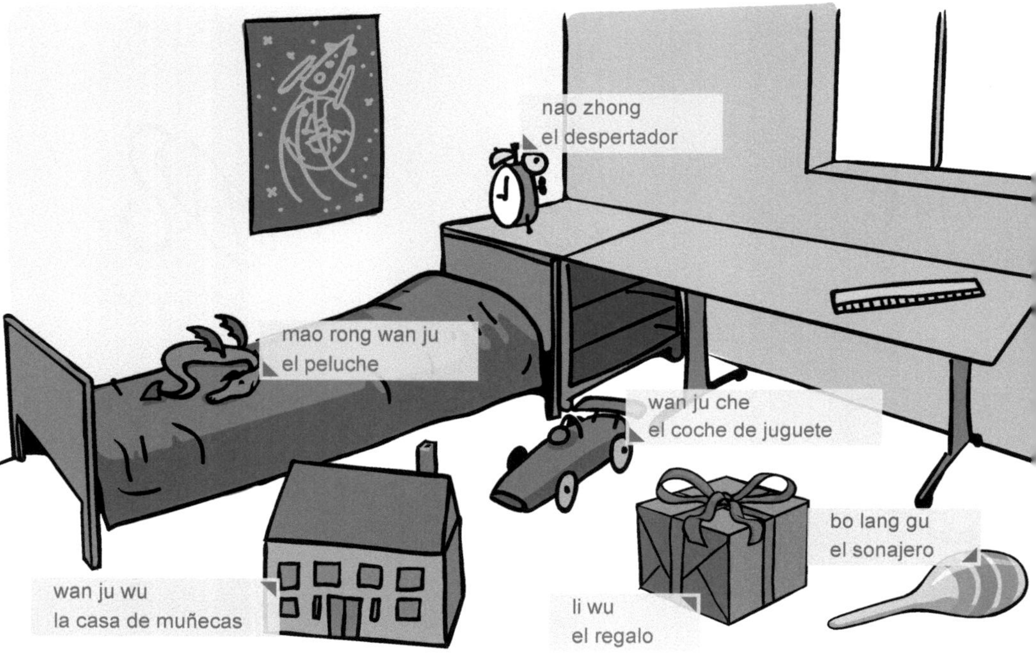
nao zhong
el despertador
mao rong wan ju
el peluche
wan ju che
el coche de juguete
bo lang gu
el sonajero
wan ju wu
la casa de muñecas
li wu
el regalo

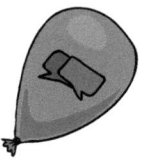

qi qiu

el globo

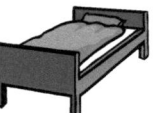

chuang

la cama

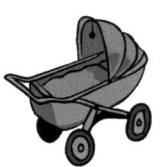

(yang wa wa yong)ying er che

el coche de niño

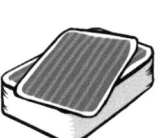

pu ke pai

los naipes

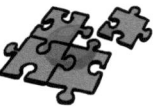

pin tu

el puzle

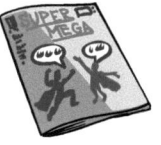

man hua

el tebeo

le gao ji mu

las piezas de lego

ji mu wan ju

los bloques de juguete

wan ju ren

la figura de acción

ying er fu

el bodi (de bebé)

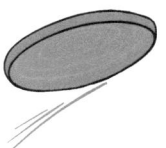

fei pan

el frisbee

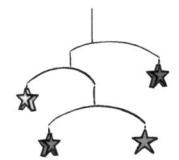

chuang ling wan ju

el colgador móvil para bebés

qi pan you xi

el juego de mesa

shai zi

los dados

huo che mo xing

el circuito de tren eléctrico

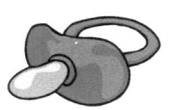

an fu nai zui

el maniquí

ju hui

la fiesta

hui ben

el álbum de fotos

qiu

la pelota

yang wa wa

la muñeca

wan

jugar

sha keng

el cajón de arena

qiu qian

el columpio

wan ju

los juguetes

you xi ji

la videoconsola

san lun che

el triciclo

tai di xiong

el oso de peluche

yi chu

la guardarropa

yi fu

la ropa

wa zi

los calcetines

chang wa

las medias

jin shen ku

los leotardos

wei jin
la bufanda

pi dai
el cinturón

yu san
el paraguas

T xu
la camiseta

yun dong xie
las deportivas

xue zi
las botas

tuo xie
las zapatillas

liang xie
las sandalias

xie
los zapatos

yu xue
las botas de goma

nei ku
el slip

xiong zhao
el sostén

bei xin
el chaleco

shen ti

el bodi

ku zi

los pantalones cortos

niu zai ku

los vaqueros

duan qun

la falda

nü shi chen shan

la blusa

chen shan

la camisa

tao tou shan

el jersey

wei yi

el suéter

xi zhuang jia ke

el blazer

jia ke

la chaqueta

wai tao

el abrigo

yu yi

la gabardina

tao zhuang

el traje

lian yi qun

el vestido

hun sha

el vestido de novia

xi zhuang

el traje

shui pao

el camisón

shui yi

el pijama

sha li

el sati

tou jin

el bandana

bao tou jin

el turbante

bo ka

la burka

ka fu tan

el caftán

(a la bo shi)chang pao

la abaya

yong yi

el traje de baño

nan shi yong ku

el bañador

duan ku

los pantalones cortos

yun dong fu

el chándal

wei qun

el delantal

shou tao

los guantes

niu kou

el botón

yan jing

las gafas

shou lian

el brazalete

xiang lian

el collar

jie zhi

el anillo

er huan

el pendiente

bian mao

la gorra

yi jia

la percha

mao zi

el sombrero

ling dai

la corbata

la lian

la cremallera

tou kui

el casco

bei dai

los tirantes

xiao fu

el uniforme

zhi fu

el uniforme

wei dou

el babero

an fu nai zui

el maniquí

niao bu shi

el pañal

ban gong shi
la oficina

fu wu qi
el servidor

wen jian gui
el archivo

da yin ji
la impresora

xian shi ping
el monitor

zhi
el papel

ban gong zhuo
el escritoria

shu biao
el ratón

wen jian jia
la carpeta

jian pan
el teclado

fei zhi kuang
la papelera

yi zi
la silla

dian nao
el ordenador

ka fei bei

la taza de café

ji suan qi

la calculadora

yin te wang

el internet

bi ji ben dian nao

el portátil

xin jian

la carta

xiao xi

el mensaje

shou ji

el móvil

wang luo

la red

fu yin ji

la fotocopiadora

ruan jian

el software

dian hua

el teléfono

cha zuo

la toma de corriente

chuan zhen ji

el fax

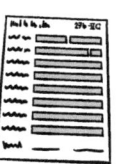

biao ge

el formulario

wen jian

el documento

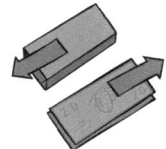

mai

comprar

fu qian

pagar

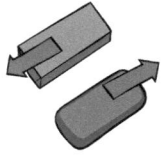

jiao yi

comerciar

xian jin

el dinero

mei yuan

el dólar

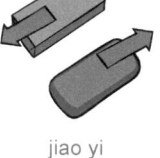

ou yuan

el euro

ri yuan

el yen

lu bu

el rublo

rui shi fa lang

el franco suizo

ren min bi

el renminbi yuan

lu bi

la rupia

ti kuan chu

el cajero automático

wai bi dui huan chu

la oficina de cambio de divisas

jin

el oro

yin

la plata

shi you

el petróleo

neng yuan

la energía

jia ge

el precio

he tong

el contrato

shui jin

el impuesto

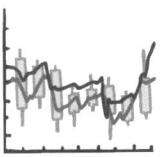

gu piao

la acción

gong zuo

trabajar

zhi yuan

el empleador

lao ban

el empleador

gong chang

la fábrica

shang dian

la tienda de campaña

zhi ye
los oficios

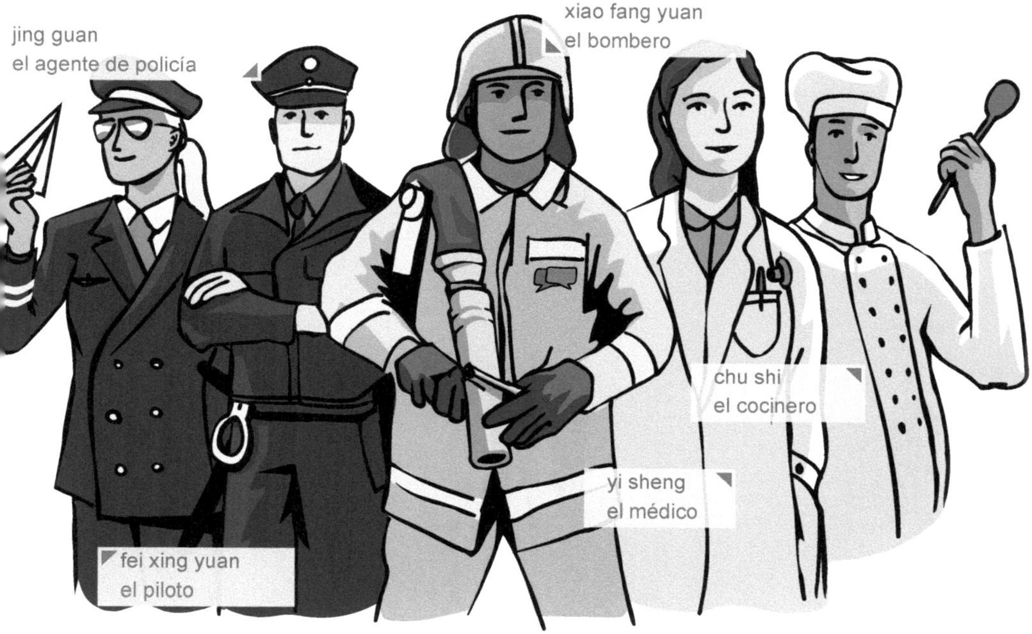
jing guan
el agente de policía
xiao fang yuan
el bombero
chu shi
el cocinero
yi sheng
el médico
fei xing yuan
el piloto

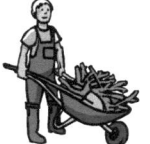

yuan ding

el jardinero

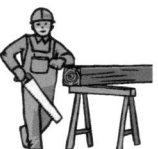

mu jiang

el carpintero

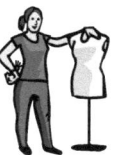

cai feng

la costurera

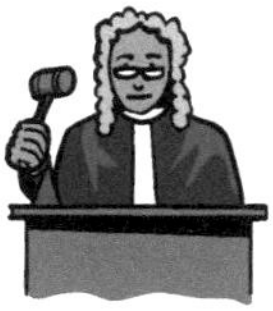

fa guan

el juez

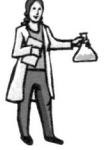

hua xue jia

el farmacéutico

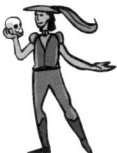

yan yuan

el actor

gong jiao che si ji

el conductor de autobús

chu zu che si ji

el taxista

yu fu

el pescador

qing jie nü gong

la señora de la limpieza

wu ding gong

el techador

fu wu yuan

el camarero

lie ren

el cazador

hua jia

el pintor

mian bao shi

el panadero

dian gong

el electricista

jian zhu gong ren

el obrero

gong cheng shi

el ingeniero

tu fu

el carnicero

shui guan gong

el fontanero

you di yuan

el cartero

shi bing

el soldado

jian zhu shi

el arquitecto

shou yin yuan

el cajero

hua nong

el florista

li fa shi

el peluquero

shou piao yuan

el revisor

ji xie shi

el mecánico

chuan zhang

el capitán

ya yi

el dentista

ke xue jia

el científico

la bi

el rabino

yi ma mu

el imán

he shang

el monje

mu shi

el sacerdote

gong ju

las herramientas

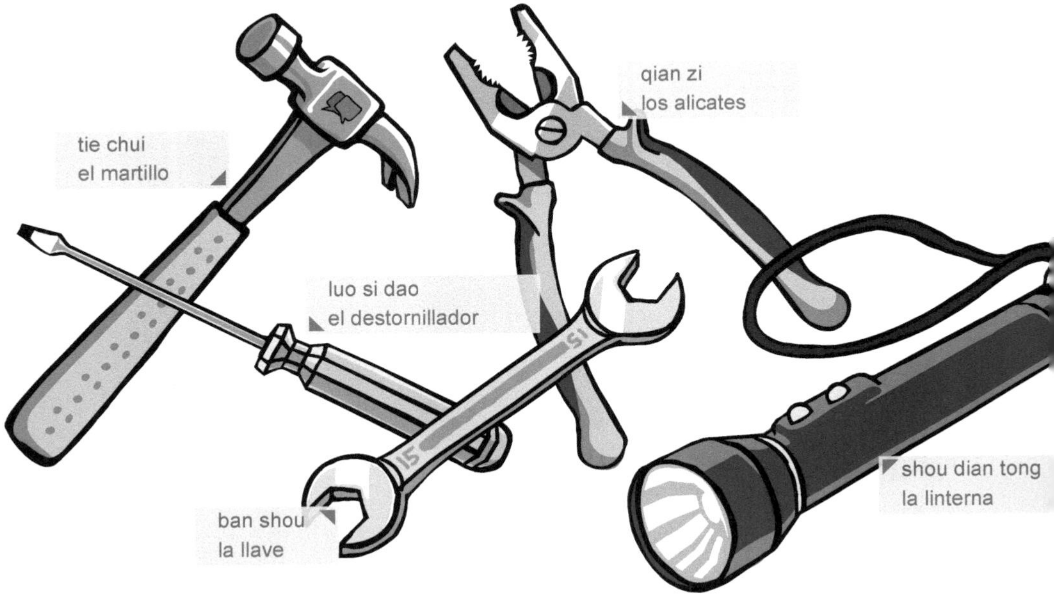
qian zi
los alicates
tie chui
el martillo
luo si dao
el destornillador
shou dian tong
la linterna
ban shou
la llave

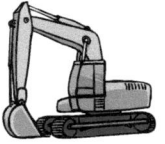

wa jue ji

la excavadora

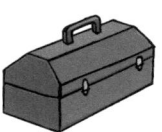

gong ju xiang

la caja de herramientas

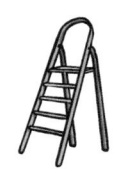

ti zi

la escalera de mano

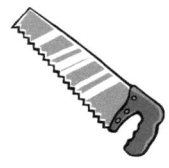

ju zi

la sierra

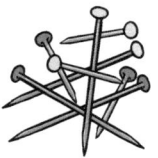

ding zi

los clavos

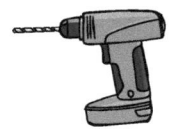

zuan ji

el taladro

xiu

reparar

chan zi

la pala

kao!

¡Maldita sea!

bo ji

el recogedor

you qi tong

el bote de pintura

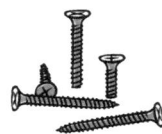

luo si

los tornillos

yue qi

los instrumentos musicales

da ji yue qi
la batería

yang sheng qi
el altavoz

ji ta
la guitarra

di yin ti qin
el contrabajo

xiao hao
la trompeta

gang qin

el piano

xiao ti qin

el violín

bei si

bajo

ding yin gu

los timbales

gu

el tambor

dian zi qin

el teclado

sa ke si guan

el saxofón

chang di

la flauta

mai ke feng

el micrófono

dong wu yuan
el zoo

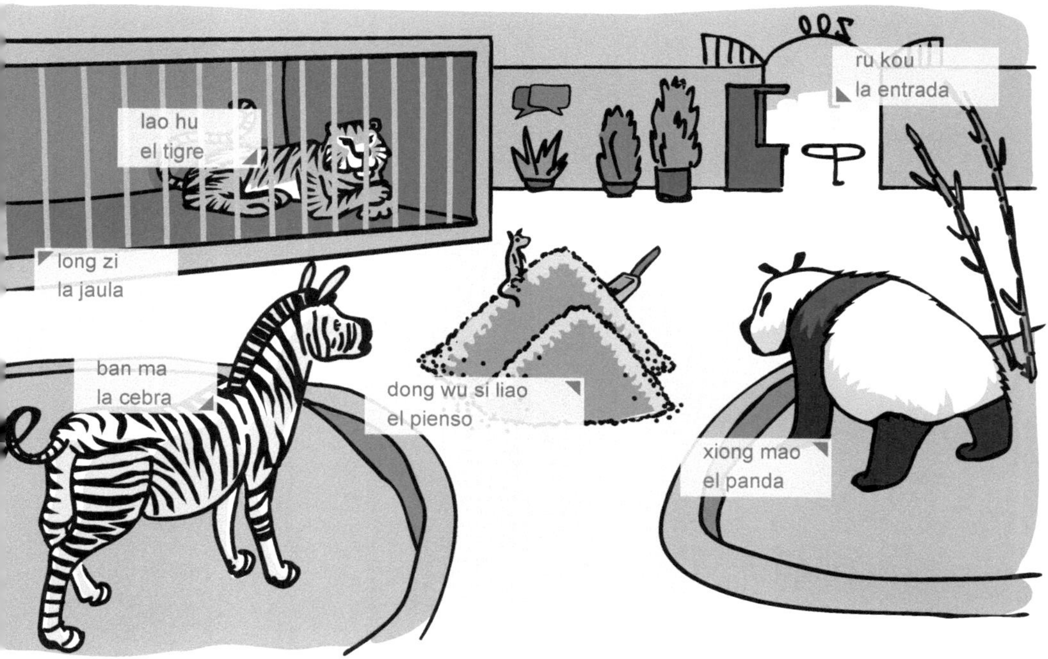

lao hu
el tigre
ru kou
la entrada
long zi
la jaula
ban ma
la cebra
dong wu si liao
el pienso
xiong mao
el panda

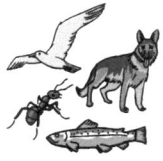

dong wu

los animales

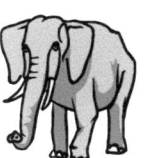

da xiang

el elefante

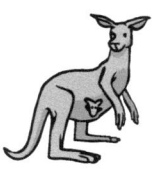

dai shu

el canguro

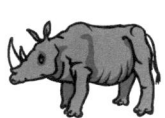

xi niu

el rinoceronte

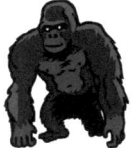

da xing xing

el gorila

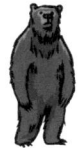

xiong

el oso

luo tuo

el camello

tuo niao

el avestruz

shi zi

el león

hou zi

el mono

huo lie niao

el flamingo

ying wu

el loro

bei ji xiong

el oso polar

qi e

el pingüino

sha yu

el tiburón

kong que

el pavo real

she

la serpiente

e yu

el cocodrilo

dong wu yuan guan li yuan

el guardián de zoológico

hai bao

la foca

mei zhou bao

el jaguar

ai zhong ma

el poni

bao

el leopardo

he ma

el hipopótamo

chang jing lu

la jirafa

lao ying

el águila

ye zhu

el jabalí

yu

el pescado

gui

la tortuga

hai xiang

la morsa

hu li

el zorro

ling yang

la gacela

gan lan qiu
el fútbol americano

qi zi xing che
el ciclismo

wang qiu
el tenis

lan qiu
el baloncesto

you yong
la natación

quan ji
el boxeo

bing qiu
el hockey sobre hielo

ying shi zu qiu
el fútbol

yu mao qiu
el bádminton

tian jing
el atletismo

shou qiu
el balonmano

hua xue
el esquí

ma qiu
el polo

tiao
saltar

xiao
reír

yong bao
abrazar

zou lu
caminar

chang
cantar

zuo meng
soñar

qi dao
rezar

qin wen
besar

shu xie
escribir

hua
dibujar

zhan shi
mostrar

tui
empujar

gei
dar

na
tomar

you
tener

zuo
hacer

dang
ser

zhan
estar de pie

pao
correr

la
tirar

reng
tirar

shuai dao
caer

tang
yacer

deng dai
esperar

xie dai
llevar

zuo
estar sentado

chuan yi
vestirse

shui jiao
dormir

xing lai
despertar

kan

mirar

ku

llorar

fu mo

acariciar

shu tou

peinar

jiao tan

hablar

ming bai

entender

wen

preguntar

ting

escuchar

he

beber

chi

comer

qing li

ordenar

ai

amar

zuo fan

cocinar

kai che

conducir

fei

volar

hang xing

navegar

ji suan

calcular

du

leer

xue xi

aprender

gong zuo

trabajar

jie hun

casarse

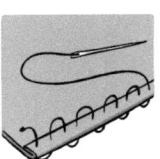

feng

coser

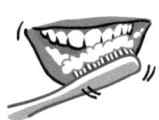

shua ya

cepillarse los dientes

sha

matar

chou yan

fumar

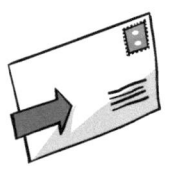

ji

enviar

zu mu
la abuela

zu fu
el abuelo

fu qin
el padre

mu qin
la madre

ying tong
el bebé

nü er
la hija

er zi
el hijo

ke ren

el invitado

a yi

la tía

shu shu

el tío

xiong di

el hermano

jie mei

la hermana

shen ti

el cuerpo

qian e
la frente
yan jing
el ojo
jian bang
el hombro
shou zhi
el dedo
lian
la cara
xia ba
la barbilla
shou
la mano
tui
la pierna
ru fang
el pecho
shou bi
el brazo

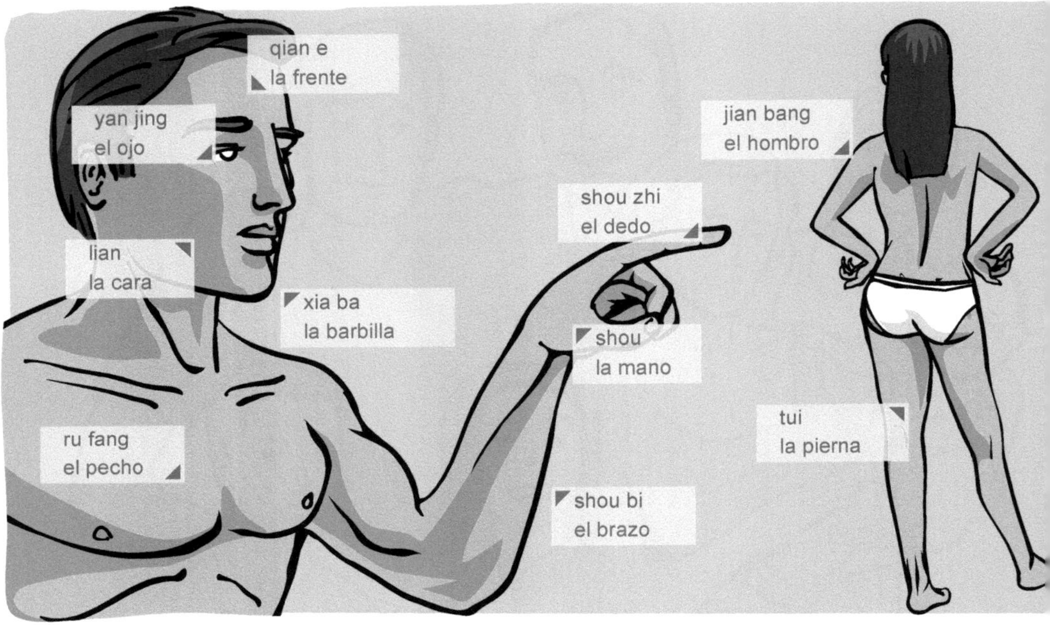

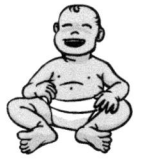

ying tong

el bebé

nan ren

el hombre

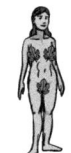

nü ren

la mujer

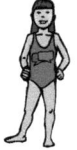

nü hai

la chica

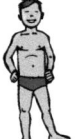

nan hai

el chico

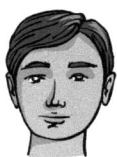

tou

la cabeza

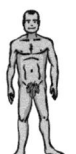

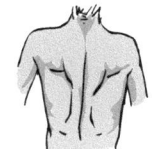

bei bu

la espalda

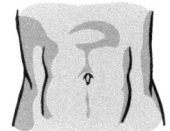

du zi

el vientre

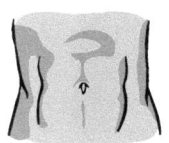

du qi

el ombligo

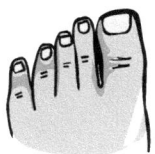

jiao zhi

el dedo del pie

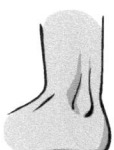

jiao hou gen

el talón

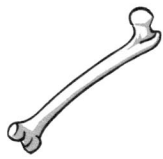

gu tou

el hueso

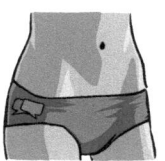

tun bu

la cadera

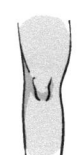

xi gai

la rodilla

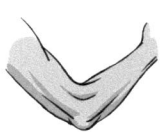

shou zhou

el codo

bi zi

la nariz

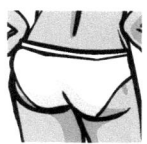

pi gu

el trasero

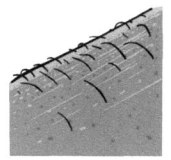

pi fu

la piel

lian jia

la mejilla

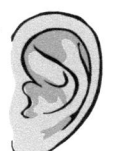

er duo

el oído

zui chun

el labio

zui

la boca

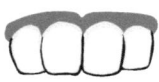

ya chi

el diente

she tou

la lengua

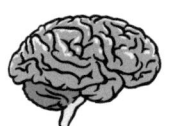

nao

el cerebro

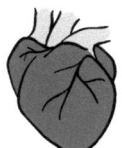

xin zang

el corazón

ji rou

el músculo

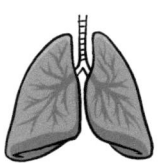

fei

el pulmón

gan zang

el hígado

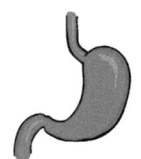

wei

el estómago

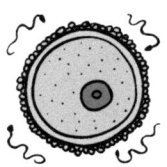

shen zang

los riñones

xing jiao

el sexo

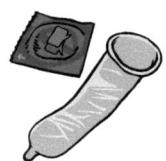

bi yun tao

el condón

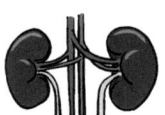

luan zi

el ovario

jing zi

el semen

huai yun

el embarazo

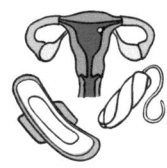

yue jing

la menstruación

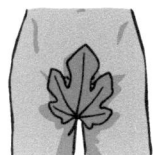

yin dao

la vagina

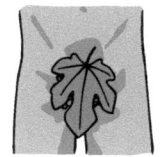

yin jing

el pene

mei mao

la ceja

tou fa

el pelo

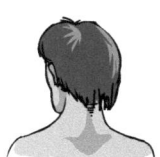

bo zi

el cuello

yi yuan
el hospital

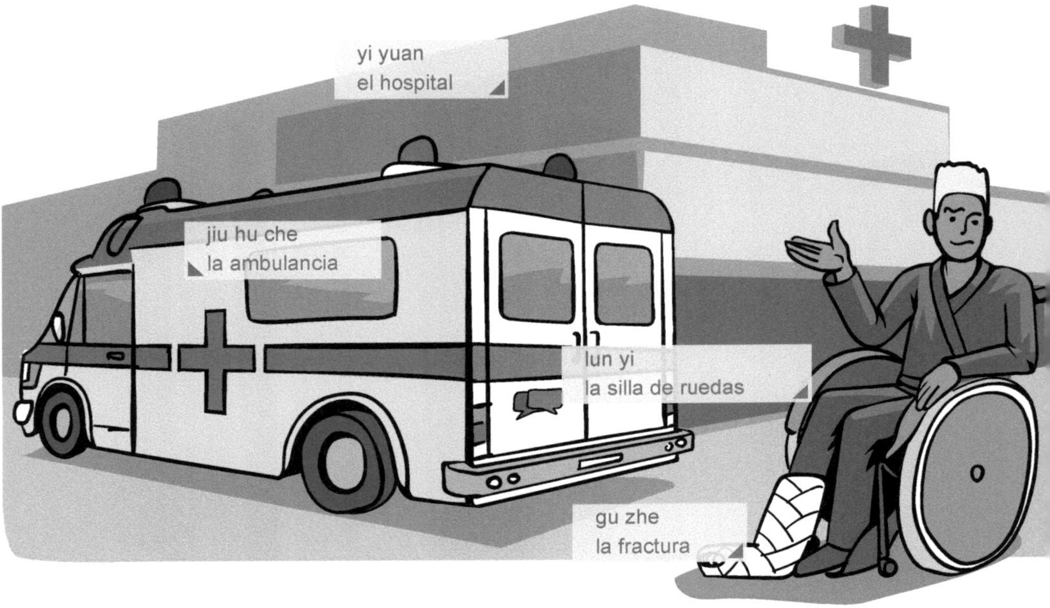

yi yuan
el hospital
jiu hu che
la ambulancia
lun yi
la silla de ruedas
gu zhe
la fractura

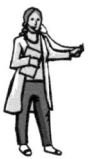

yi sheng

el médico

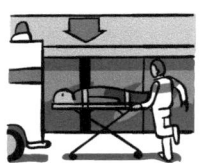

ji zhen shi

la sala de urgencias

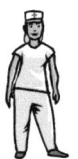

hu shi

la enfermera

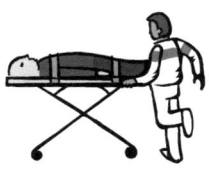

jin ji qing kuang

la urgencia

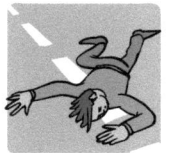

hun mi

inconsciente

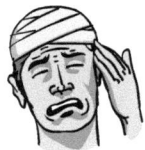

tong

el dolor

shou shang

la lesión

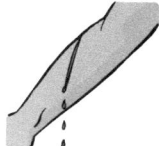

chu xue

la hemorragia

xin zang bing fa zuo

el infarto

zhong feng

el ictus

guo min

la alergia

ke sou

la tos

fa shao

la fiebre

liu gan

la gripe

fu xie

la diarrea

tou tong

el dolor de cabeza

ai zheng

el cáncer

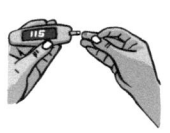

tang niao bing

la diabetes

wai ke yi sheng

el cirujano

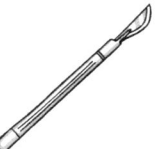

shou shu dao

el bisturí

shou shu

la operación

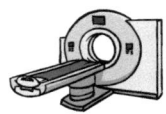

CT
TAC

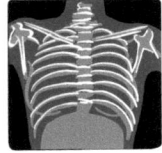

X guang
los rayos x

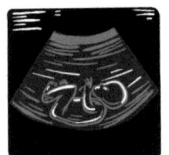

chao sheng bo
el ultrasonido

kou zhao
la mascarilla

ji bing
la enfermedad

hou zhen shi
la sala de espera

guai zhang
la muleta

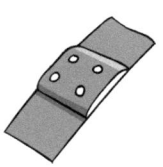

shi gao
la tirita

beng dai
la venda

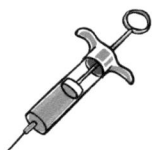

zhu she
la inyección

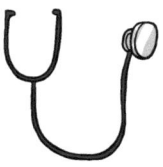

ting zhen qi
el estetoscopio

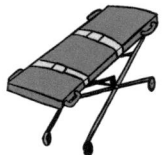

dan jia
la camilla

ti wen ji
el termómetro

chu sheng
el nacimiento

chao zhong
el sobrepeso

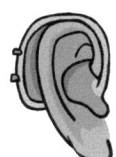

zhu ting qi

el audífono

xiao du ye

el desinfectante

gan ran

la infección

bing du

el virus

ai zi bing

VIH / SIDA

yao wu

la medicina

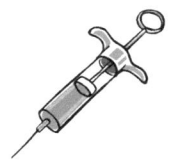

jie zhong yi miao

la vacunación

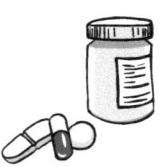

yao pian

las tabletas

yao wan

la pastilla

ji jiu dian hua

la llamada de urgencia

xue ya ji

el tensiómetro

sheng bing/jian kang

enfermo / sano

jiu ming!

¡Socorro!

jing bao

la alarma

tu ji

el asalto

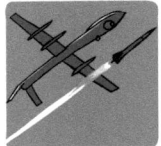

gong ji

el ataque

wei xian

el peligro

jin ji chu kou

la salida de emergencia

zhao huo la!

¡Fuego!

mie huo qi

el extintor de incendios

yi wai

el accidente

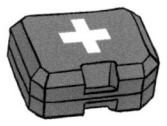

ji jiu xiang

el botiquín de primeros auxilios

hu jiu xin hao

SOS

jing cha

la policía

ou zhou

Europa

bei mei zhou

Norteamérica

nan mei zhou

Sudamérica

fei zhou

África

ya zhou

Asia

ao zhou

Australia

da xi yang

el atlántico

tai ping yang

el Pacífico

yin du yang

el Océano Índico

nan bing yang

el Océano Antártico

bei bing yang

el Océano Ártico

bei ji

el polo norte

nan ji

el polo sur

nan ji zhou

La Antártida

di qiu

la tierra

lu di

la tierra

hai

el mar

dao

la isla

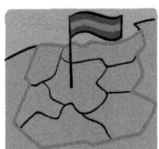

guo jia

la nación

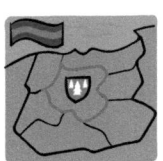

guo jia

el estado

zhong mian

la esfera

shi zhen

la manecilla de las horas

fen zhen

el minutero

miao zhen

el segundero

xian zai ji dian?

¿Qué hora es?

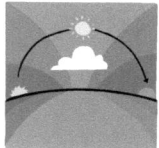

tian

el día

shi jian

el tiempo

xian zai

ahora

dian zi biao

el reloj digital

fen

el minuto

shi

la hora

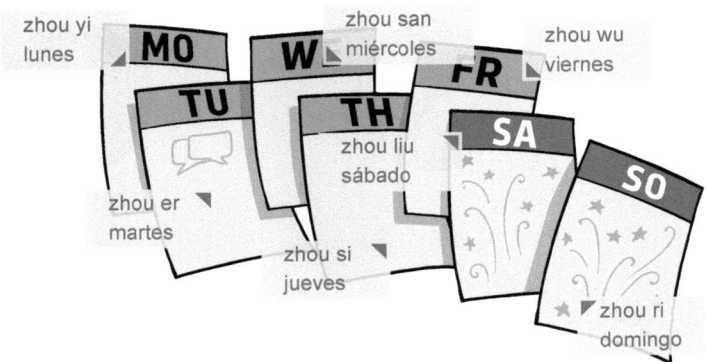

zhou yi
lunes

zhou san
miércoles

zhou wu
viernes

zhou er
martes

zhou liu
sábado

zhou si
jueves

zhou ri
domingo

zuo tian

ayer

jin tian

hoy

ming tian

mañana

zao chen

la mañana

zhong wu

el mediodía

wan shang

la tarde

gong zuo ri

los días laborables

zhou mo

el fin de semana

yu
la lluvia

cai hong
el arcoíris

xue
la nieve

feng
el viento

chun
la primavera

qiu
el otoño

xia
el verano

dong
el invierno

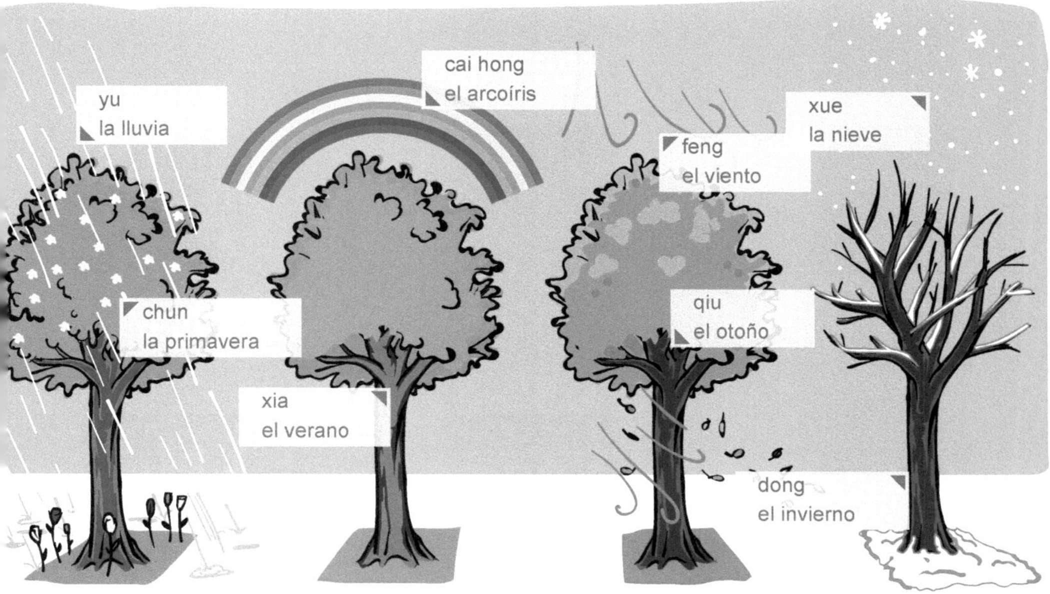

tian qi yu bao

el pronóstico del tiempo

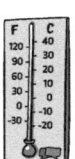

wen du ji

el termómetro

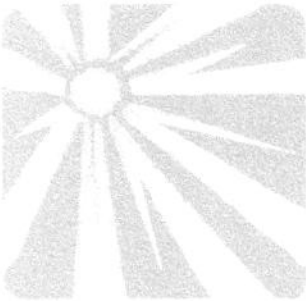

yang guang

el sol

yun

la nube

wu

la niebla

chao shi

la humedad

shan dian

el rayo

da lei

el trueno

feng bao

la tormenta

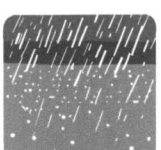

bing bao

el granizo

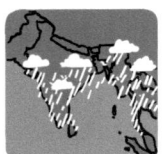

ji feng

el monzón

hong shui

la inundación

bing

el hielo

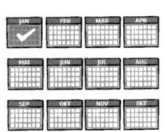

yi yue

enero

er yue

febrero

san yue

marzo

si yue

abril

wu yue

mayo

liu yue

junio

qi yue

julio

ba yue

agosto

nian - el año

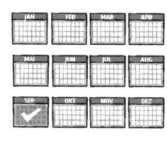

jiu yue

septiembre

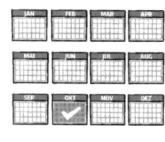

shi yue

octubre

shi yi yue

noviembre

shi er yue

diciembre

yuan xing

el círculo

zheng fang xing

el cuadrado

chang fang xing

el rectángulo

san jiao xing

el triángulo

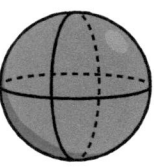

qiu ti

la esfera

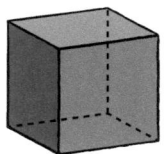

li fang ti

el cubo

bai
....
blanco

huang
....
amarillo

cheng
....
anaranjado

fen
....
rosa

hong
....
rojo

zi
....
morado

lan
....
azul

lü
....
verde

zong
....
marrón

hui
....
gris

hei
....
negro

hen duo/shao xu

mucho / poco

sheng qi/ping jing

enojado / tranquilo

mei/chou

bonito / feo

shou/wei

principio / fin

da/xiao

grande / pequeño

ming/an

claro / oscuro

xiong di/jie mei

el hermano / la hermana

gan jing/ang zang

limpio / sucio

wan zheng/que shi

completo / incompleto

bai tian/wan shang

el día / la noche

si/sheng

muerto / vivo

kuan/zhai

ancho / estrecho

ke shi yong/fei shi yong

comestible / no comestible

xie e/shan liang

malo / amable

xing fen/wu liao

entusiasmado / aburrido

pang/shou

gordo / delgado

di yi/zui hou

primero / último

peng you/di ren

el amigo / el enemigo

man/kong

lleno / vacío

ying/ruan

duro / blando

zhong/qing

pesado / ligero

e/ke

el hambre / la sed

sheng bing/jian kang

enfermo / sano

fei fa/he fa

ilegal / legal

cong ming/yu ben

inteligente / tonto

zuo/you

izquierda / derecha

jin/yuan

cerca / lejos

xin/jiu

nuevo / usado

mei you/you xie

nada / algo

lao/you

viejo / joven

kai/guan

encendido / apagado

da kai/he shang

abierto / cerrado

an jing/chao nao

silencioso / ruidoso

fu/qiong

rico / pobre

dui/cuo

correcto / incorrecto

cu cao/guang hua

áspero / suave

shang xin/gao xing

triste / contento

duan/chang

corto / largo

man/kuai

lento / rápido

shi/gan

húmedo / seco

wen nuan/liang shuang

cálido / frío

zhan zheng/he ping

guerra / paz

los números

0

ling

cero

1

yi

uno

2

er

dos

3

san

tres

4

si

cuatro

5

wu

cinco

6

liu

seis

7

qi

siete

8

ba

ocho

9

jiu

nueve

10

shi

diez

11

shi yi

once

12
shi er
doce

13
shi san
trece

14
shi si
catorce

15
shi wu
quince

16
shi liu
dieciséis

17
shi qi
diecisiete

18
shi ba
dieciocho

19
shi jiu
diecinueve

20
er shi
veinte

100
bai
cien

1.000
qian
mil

1.000.000
bai wan
el millón

ying yu

el inglés

mei shi ying yu

el inglés americano

pu tong hua

el chino madarín

yin di yu

el hindi

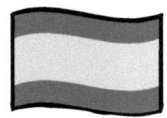

xi ban ya yu

el español

fa yu

el francés

a la bo yu

el árabe

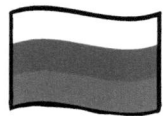

e yu

el ruso

pu tao ya yu

el portugués

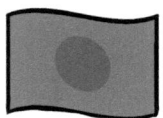

feng jia la yu

el bengalí

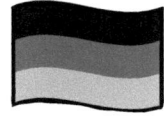

de yu

el alemán

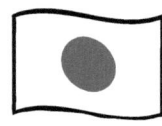

ri yu

el japonés

wo

yo

ni

tú

ta/ta/ta

él / ella / ello

wo men

nosotros/as

ni men

vosotros/as

ta men

ellos/as

shei?

¿quién?

shen me?

¿qué?

zen yang?

¿cómo?

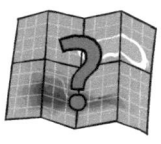

na li?

¿dónde?

shen me shi hou?

¿cuándo?

ming zi

el nombre

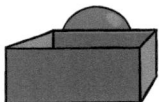

hou mian

detrás

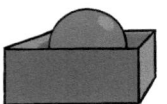

li mian

en

qian mian

delante de

shang fang

por encima de

shang mian

sobre

xia mian

debajo de

pang bian

junto a

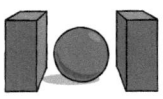

zhong jian

entre

di dian

el lugar